Alessandro D

Dolomiti

Collana **Italiano Facile**
1° livello

Alma Edizioni
Firenze

Italiano Facile
Collana di racconti

Direzione editoriale: Ciro Massimo Naddeo
Redazione: Euridice Orlandino e Chiara Sandri
Progetto grafico copertina: Leonardo Cardini
Progetto grafico interno: Paolo Lippi
Illustrazioni: Ottavia Bruno
Impaginazione: Maurizio Maurizi

Prima edizione: aprile 2008
Ultima ristampa: aprile 2011
ISBN libro 978-88-6182-040-1

© ALMA EDIZIONI
viale dei Cadorna, 44
50129 Firenze - Italia
tel +39 055 476644   fax +39 055 473531
alma@almaedizioni.it
www.almaedizioni.it

I diritti di traduzione, di memorizzazione elettronica, di riproduzione e di adattamento totale o parziale, con qualsiasi mezzo (compresi i microfilm e le copie fotostatiche), sono riservati per tutti i paesi.

PRINTED IN ITALY

la Cittadina, azienda grafica - Gianico (BS)
info@lacittadina.it

Indice

Dolomiti .... pag. 6

Schede culturali .... pag. 30

Esercizi .... pag. 35

Soluzioni .... pag. 57

a Emanuela

Planca di
Sopra
Colle di
Dentro
Colle di
Sopra
Colle di
Fuori
Planca
Dolomiti - estate
Valle di Casiers/
Gsles
Scandole
Masi
Prati di Tesido
SP 46
Sinne
Valle
S. Silvestro
Monterota
Dobbiaco/
Tobiach
Villabassa/
Niederdorf
Fiume
Grazze
SS 49
E 66
BOLZANO
SP 47
Ex Bagni di Piandimaia
Braies/
Prags
Dolomiti

Capitolo 1

Prendo il treno ogni mattina alle sette e venti.
Dopo cinque minuti arriva il **controllore**.
- Biglietto, prego.
- Ho l'**abbonamento**. - rispondo.
- Va bene. Buon viaggio. - dice lui senza guardare.

Da tre anni il controllore è sempre lo stesso: un uomo di circa cinquant'anni, né alto, né basso, vestito di blu con un cappello in testa.

Ogni giorno è uguale all'altro: alle stazioni il treno si ferma un minuto, i passeggeri salgono e scendono.

Alle otto e venti il treno arriva a Dobbiaco.

Io lavoro vicino alla stazione. Faccio la segretaria. Prima di entrare in ufficio vado al bar. Prendo un caffè e guardo il giornale. Poi esco, fumo una sigaretta e comincia la mia nuova giornata.

All'una faccio una pausa. Vado al bar con la mia **collega** Paola e mangio qualcosa. Di solito prendo un'insalata mista e una bottiglia di acqua naturale.

Dopo pranzo arriva il momento più difficile: sono stanca. Allora prendo un altro caffè e dico a Paola:
- Da domani non vengo più a lavorare.

---

controllore: persona che controlla i biglietti dei passeggeri dei treni, degli autobus, della metropolitana. *Es: Il **controllore** verifica i biglietti.*

abbonamento: biglietto che dura una settimana o un mese o un anno. *Es: Ho l'**abbonamento** annuale perché prendo la metropolitana tutti i giorni.*

collega: una persona che lavora insieme a un'altra. *Es: Dopo il lavoro, vado al bar con la mia **collega**.*

Note

- E come pensi di fare senza un lavoro?
- Non lo so, cambio vita: cambio lavoro o forse compro un biglietto per l'India e parto.
- Allora vai via per sempre? - mi chiede Paola con un **sorriso**.
- Sì, - dico io - è difficile, ma qui non sto bene.
- Ricordati di me nei tuoi viaggi. - dice.

Poi torniamo in ufficio, ma prima di entrare fumo un'altra sigaretta.

Capitolo 2

Alle sei arrivo a casa, accendo una sigaretta e ascolto subito i messaggi della **segreteria telefonica**:

- Ci sono due nuovi messaggi. Messaggio numero 1:
Pronto? Pronto? Sono la mamma... pronto? Non ci sei?
Pronto? Biiiip.
Messaggio numero 2: Pronto? Ma chi è? Amore ci sei?
Sono la mamma... pronto? Biiiip.

---

sorriso:

segreteria telefonica: macchina che risponde automaticamente e registra i messaggi delle persone che telefonano. *Es: Se telefoni e non risponde nessuno, puoi lasciare un messaggio sulla **segreteria telefonica**.*

È incredibile. Mia madre non vuole capire la tecnologia.
Vado in camera da letto e faccio una telefonata.
- Pronto mamma? Sono io.
- Finalmente! Dove sei?
- A casa, mamma. Come ogni sera.
- Come stai?
- Sono stanca. E tu?
- Io sto bene, ma tu lavori troppo, figlia mia.
- È vero, mamma. Adesso vado a **fare un bagno**. Buonanotte.
- Buonanotte.

Accendo la radio e faccio il bagno. L'acqua è molto calda. Finalmente un po' di relax.
Dopo mezz'ora esco dal bagno. Ora va meglio!
Ho fame. Vado in cucina e apro il **frigorifero**. Ci sono tre pomodori, uno yogurt e mezzo litro di latte.
Preparo un piatto di pasta al pomodoro fresco, la mia preferita.

---

fare un bagno: entrare in acqua, lavarsi. *Es: Tutte le sere mi piace **fare un bagno** caldo.*

frigorifero:

Capitolo 3

Mentre mangio guardo il telegiornale. Non mi interessa. Parla di persone troppo lontane. Poi comincia un programma sulla montagna. Descrive gli alberi, gli animali e parla di uno stile di vita in armonia con la natura.

Accendo una sigaretta e penso alla conversazione con Paola, al bar. Lei non ha problemi, è soddisfatta della sua vita. Ed io? Io no. Io non sto bene. La mia vita non mi piace: non amo il mio lavoro e voglio **smettere** di fumare. Voglio cambiare vita. Voglio fare qualcosa di bello, di interessante.

Il programma è finito. Spengo la TV.

Prima di andare a dormire guardo fuori dalla finestra e vedo una bellissima **luna**. Poi vado a letto e inizio a **sognare**.

---

smettere: finire di fare un'azione. *Es: Se vuoi dimagrire, devi **smettere** di mangiare dolci.*

luna:

sognare: immaginare di vivere una situazione quando si dorme. *Es: È molto comune **sognare** di volare.*

Capitolo 4

La mattina dopo il treno per Dobbiaco è **in ritardo**. Sono quasi le otto. Voglio fumare.
- Quando arrivo a Dobbiaco devo comprare le sigarette. - penso.
Vedo un controllore e chiedo:
- Scusi, ma che cosa succede?
- Mi dispiace signorina, ma abbiamo un problema: questa mattina il treno non parte. Lei dove deve andare?
- A Dobbiaco.
- Può prendere l'autobus. Parte ogni trenta minuti dalla piazza della stazione.
- Grazie. - rispondo e comincio a **correre** verso la piazza.
Con l'autobus delle otto e dieci posso arrivare in ufficio prima delle nove.
È la prima volta che lo prendo.
L'**autista** è un ragazzo giovane, con i capelli lunghi da *rasta*.
- Dove vai? - mi chiede con un sorriso.
- A Dobbiaco. - rispondo.
- Un biglietto per Dobbiaco, allora: sono tre euro.
  Benvenuta sul *Babylon express*!
Pago il biglietto e penso:

---

in ritardo: non puntuale, dopo l'ora prevista. *Es: Mario arriva sempre **in ritardo** agli appuntamenti.*
correre:

autista: la persona che guida un mezzo di trasporto. *Es: L'**autista** guida l'autobus.*

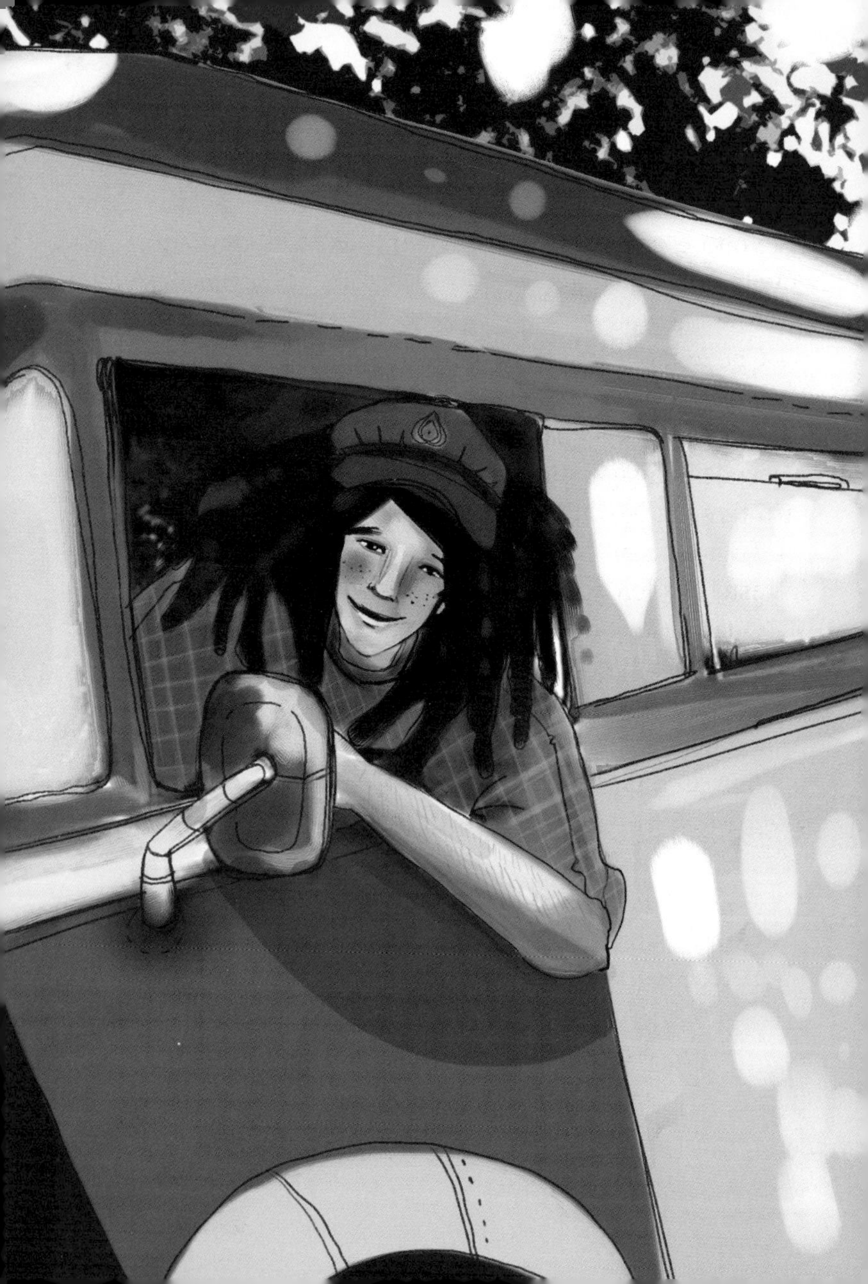

- L'autista è **matto**!

Sull'autobus non c'è nessuno. Io mi siedo vicino al finestrino.

Alle otto e cinque partiamo. La musica è altissima, ma piacevole. L'autista muove la testa al ritmo del *reggae* e sembra molto contento.

- Che bella giornata! Perché vai a Dobbiaco? - domanda.

Voglio rispondere, ma lui comincia subito a cantare.

- Conosci questa canzone? Canta con me!

Accende una sigaretta. Io vorrei dire che sull'autobus è **vietato** fumare. Ma lui apre il finestrino e dice:

- Tu non fumi?

Io resto in silenzio. Dopo un po' lui ricomincia a parlare:

- Quando arrivo a Dobbiaco voglio comprare una **fetta di torta**. Le torte di Dobbiaco sono le più buone della zona, sai?

Io non penso più a rispondere, so che l'autista vuole parlare, ma non ascoltare.

Dopo venti minuti si ferma e scende. Non capisco cosa succede.

- Il *Babylon express* si ferma per cinque minuti, vuoi un caffè? - dice.

- Perché no? - rispondo e scendo dall'autobus.

---

matto: pazzo, persona con problemi psicologici. *Es: Andrea è **matto**! Si lava i denti con lo shampoo!*

vietato: non autorizzato, proibito. *Es: In ospedale è **vietato** fumare.*

fetta di torta:

Note

Capitolo 5

Non entriamo in un bar, ma in un negozio. Ci sono borse, scarpe e vestiti.
- Che bello! Ti piace? - chiede l'autista.

Mi guardo intorno e non rispondo.

Alla cassa c'è una ragazza alta, con i capelli corti. Sta ascoltando un programma di canzoni tradizionali alla radio.

In quel momento entrano due uomini e una donna, vestiti **da schützen**.
- Avete scarponi da donna? - chiedono.
- Che numero? - domanda la ragazza.
- Trentanove.
- Un momento… - dice lei.

Dopo pochi minuti la ragazza torna e dà gli scarponi alla donna.
- Grazie. Voglio metterli subito.
- Sono molto belli. - dice uno degli uomini - Sono perfetti per camminare.
- E poi costano poco. - continua la ragazza - Solo trenta euro.

---

da *schützen:* in modo tradizionale, tipico del Trentino - Alto Adige. *Es: In Trentino - Alto Adige è possibile incontrare alcune persone vestite **da schützen**.*

Note

- Vede, - aggiunge l'altro uomo - noi portiamo gli scarponi perché ci servono per **ballare**.
- Ballare? - ripeto io.
- Certo.

I tre cominciano a ballare lo *schuhplatter*.
Io rido e mi giro verso l'autista, ma non c'è.
Allora esco dal negozio e vedo l'autobus, il *Babylon express*, che va via.

---

ballare: danzare con la musica. *Es: Sabato sera andiamo a **ballare** in discoteca.*

schuhplatter: danza tipica dell'Alto Adige. *Es: A Bolzano è possibile vedere molte danze tradizionali come lo **schuhplatter**.*

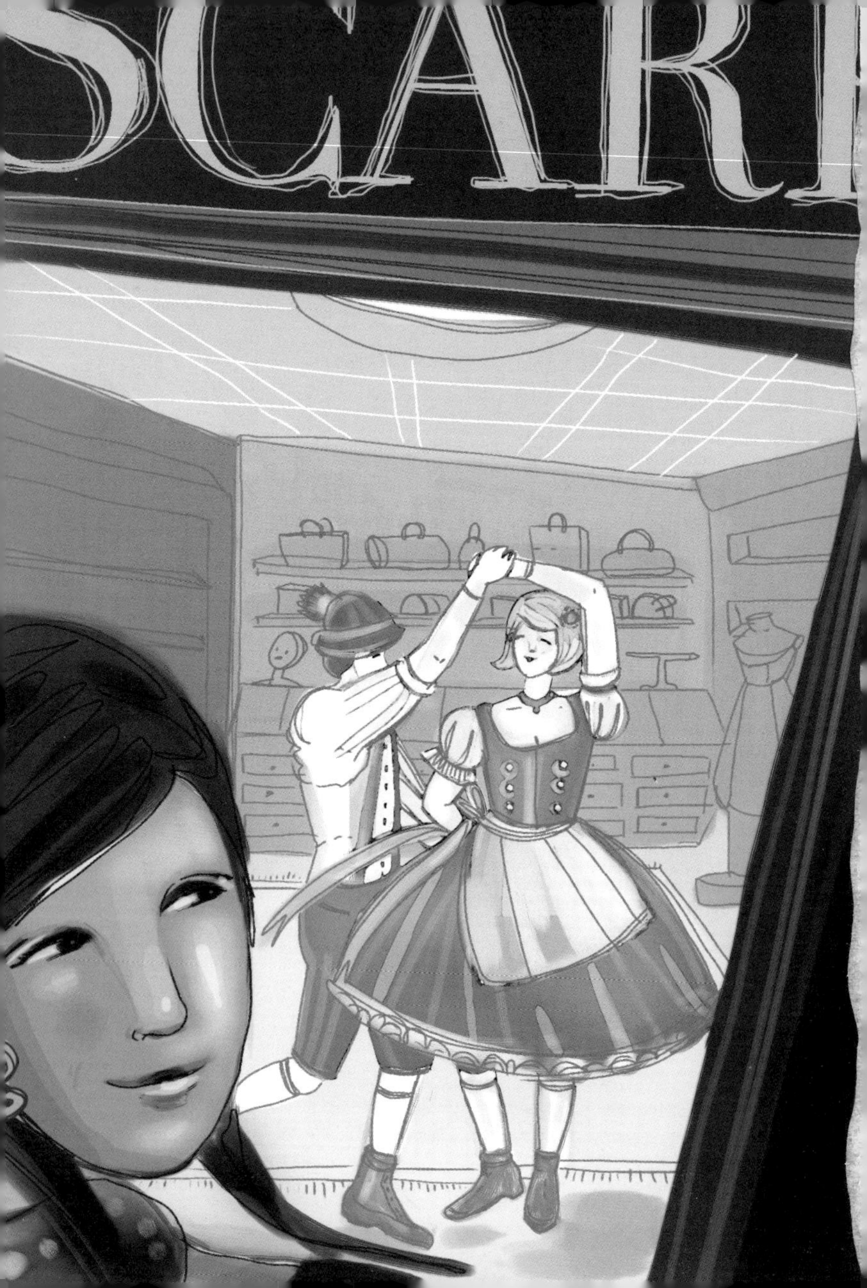
SCAR

Capitolo 6

Sono sola sulla strada. Non ho più sigarette e sono in ritardo. Devo telefonare a Paola in ufficio. Cerco il telefono nella borsa, ma non c'è.
Decido di **fare l'autostop**. È una bella giornata di sole e mi sento benissimo.
Dopo cinque minuti passa una macchina. Dentro ci sono due uomini grassi.
- Dove vai? - domanda l'uomo seduto a sinistra.
- A Dobbiaco. E voi?
- Noi andiamo al lago Godrone. Mi dispiace, ma è in un'altra direzione.
- Grazie lo stesso. - dico.
- Allora buona giornata. - dice l'altro e ripartono.

Cammino circa dieci minuti. Non passano altre macchine. È una strada molto **tranquilla**.
Finalmente passa un **furgone** bianco con un disegno di una **mucca**. Si ferma e una donna con i capelli biondi dice:
- Dove vai?
- Devo andare a Dobbiaco.
- Se vuoi, puoi venire con me fino a Planca.
- Va bene, grazie.

---

fare l'autostop: fermare le macchine per chiedere un passaggio. *Es: Voglio fare un viaggio in Europa in autostop.*

tranquilla: calma. *Es: Abito in una zona tranquilla, dove non c'è mai traffico.*

furgone:

mucca:

Note

Salgo e mi siedo vicino alla donna.
- Io porto ogni giorno il latte fresco da Planca agli altri paesi della valle. E tu che lavoro fai?
- Faccio la segretaria in un ufficio a Dobbiaco. - rispondo e le racconto la mia avventura: il treno in ritardo, l'autista *rasta*, il negozio, gli *schützen*…
- È proprio una giornata strana! - dico alla donna.

Lei mi guarda, sorride e dice:
- Qual è il problema? Puoi prenderti un giorno di vacanza!

Non rispondo, ma forse **ha ragione**: un giorno di vacanza… senza lavoro… in montagna… È una buona idea!

Dopo venti minuti il furgone si ferma e la donna dice:
- Siamo arrivati a Planca. Scendi qui in piazza? Io vado verso la farmacia.
- Va bene, scendo qui, grazie.
- Buona giornata. - dice la donna.

---

ha ragione (inf. avere ragione): essere nel giusto. *Es: **Ha ragione**! Questo esercizio è corretto!*

Note

Capitolo 7

È la prima volta che vengo a Planca. È un **posto** bellissimo: ci sono fiori a tutte le finestre, le montagne intorno sono piene di luce e l'aria è fresca. In piazza non c'è nessuno.
Guardo l'orologio: sono le dieci e venti. Sono contenta di essere qui, di non essere in ufficio, di non sentire il telefono. Voglio fumare.
In quel momento passa una signora.

- Senta, scusi...
- Sì, posso aiutarla? - risponde.
- Sa a che ora parte l'autobus per Dobbiaco?
- Il prossimo parte alle quattro.
- Alle quattro? Mamma mia, che disastro!
- L'autobus è un problema a Planca. - dice la signora - Parte solo tre volte al giorno: alle sette di mattina, alle quattro del pomeriggio e la sera alle sei e mezzo.
- Cosa posso fare adesso? - ripeto.
- Mentre aspetta può fare una **passeggiata** nel bosco - propone la signora. - Ci sono molti **mirtilli** in questi giorni.
- Ma io devo andare in ufficio, sono in ritardo!
- Mi dispiace, ma il prossimo autobus passa alle quattro.

---

posto: località, luogo. *Es: Vado in vacanza in un **posto** molto tranquillo.*

passeggiata: camminata, giro a piedi. *Es: Dopo la lezione, facciamo una **passeggiata** in centro?*

mirtilli:

- Va bene, grazie.

La signora continua:

- Ma perché non sale in montagna? Con la **funivia** in pochi minuti può arrivare a tremila metri. È bellissimo.
- Forse è una buona idea. - dico io - Dov'è la funivia?
- Non è lontana. Subito fuori dal paese.
- Grazie ancora, signora, buona giornata. - rispondo e comincio a camminare.

Capitolo 8

Sulla funivia siamo in tanti. Con me c'è un gruppo di turisti di Bolzano. Hanno degli strani sci in mano. Ma perché? Da più di due mesi non c'è **neve**.

Ascolto i loro discorsi, parlano in tedesco.

Capisco che sono qui per fare **sci d'erba**. È la prima volta che incontro sciatori d'erba.

Sono simpatici. Parlo con loro. Con questo sport hanno la possibilità di fare delle bellissime passeggiate in mezzo alla natura.

La funivia si ferma. Siamo arrivati e scendiamo.

---

funivia: neve: sci d'erba:

Note

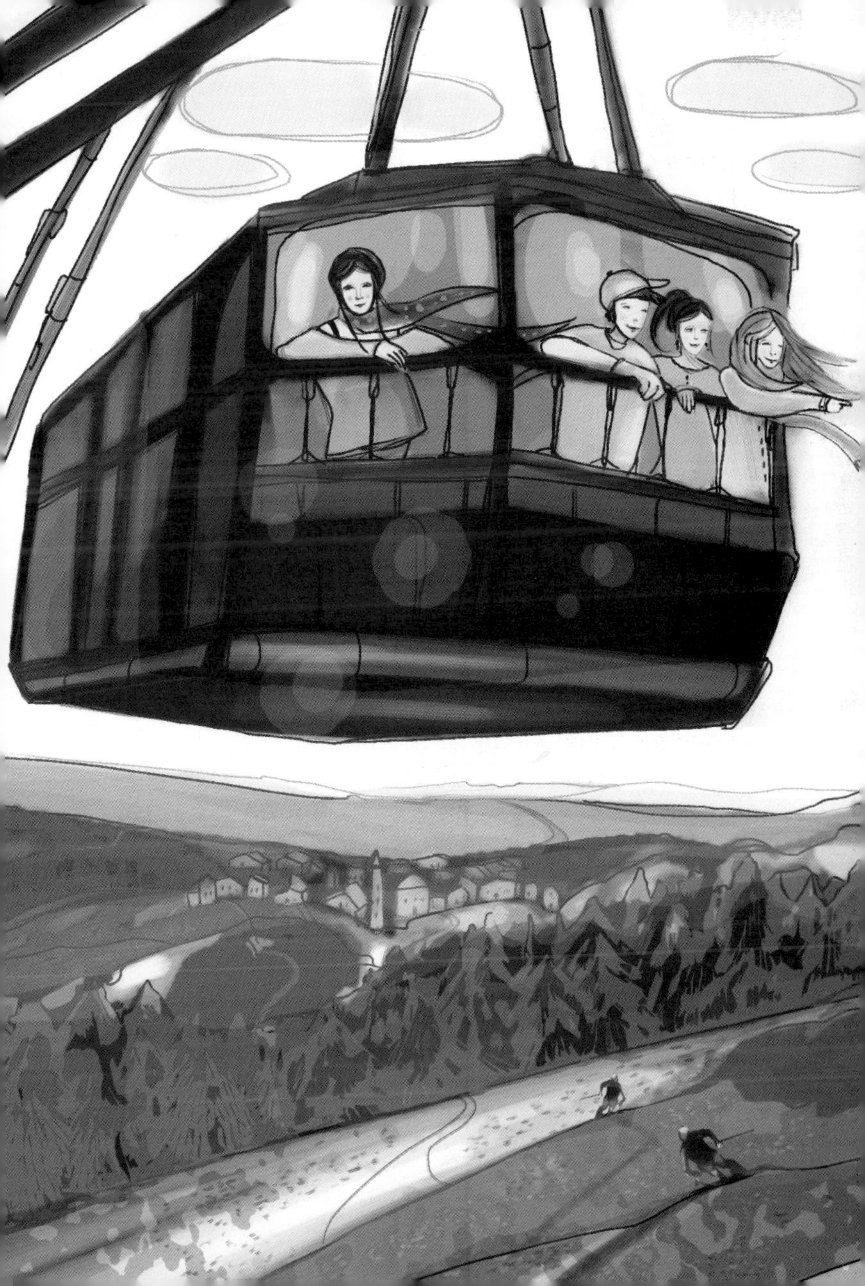

Dall'alto si vede tutto: valli, **boschi**, montagne e, in basso, tanti paesi, anche Dobbiaco.

- Da qui in un'ora posso arrivare al lavoro. - penso.

Poi entro in un negozio. Vendono tante cose: sci, scarponi e molti souvenir. C'è anche un piccolo bar.

Dentro c'è un profumo delizioso. Preparano le *sträuben*, delle **frittelle** tipiche delle Dolomiti.

In realtà ho voglia di fumare, ma alla fine decido di mangiare una frittella calda, coperta di zucchero e marmellata di mirtilli rossi.

- Che buona! Molto meglio di una stupida sigaretta. - penso.

Dopo mezz'ora riparto e mentre scendo dalla montagna comincio a cantare. Sono felice. Ogni trecento metri mi fermo, **respiro** l'aria fresca e poi riparto. Non seguo una strada in particolare, vado dove voglio senza pensare.

Poco lontano comincia il bosco. A destra vedo una **malga**.

---

boschi: foreste di alberi. *Es: Nei boschi ci sono alberi, piante ed animali.*

frittelle:

respiro (inf. respirare): prendere aria. *Es: In montagna respiro aria pulita.*

malga: casa tipica delle Dolomiti. *Es: Quando andiamo in montagna abitiamo in una malga.*

Note

Capitolo 9

La porta è aperta. Ci sono tre persone sedute intorno a un tavolo, due uomini e una donna.
- Buongiorno. - dico.
- Buongiorno. - rispondono.

Poi la donna si alza e mi chiede:
- Ti posso aiutare?
- Devo arrivare a Dobbiaco, ma non conosco la strada.
- Dobbiaco è lontana. - dice uno degli uomini seduti al tavolo. - A piedi sono quattro ore di cammino.
- È vero. - ripete l'uomo più giovane e **indica** una mappa.

Guardo verso la finestra, c'è una piccola mappa della zona. Cerco di capire dove sono adesso e come posso arrivare a Dobbiaco.

Hanno ragione. Sono molto lontana.
- Voi abitate qui? - domando.
- Da maggio a settembre. Poi, d'inverno, torniamo a casa: siamo di Valdaora.
- In estate portiamo qui le mucche e lavoriamo con i turisti. - dice la donna - Tra poco dobbiamo incominciare la **mungitura**. Vuoi venire con noi?

Non rispondo. Non so cosa fare. Alla fine dico:

---

indica (inf. indicare):

mungitura:

Note

- Va bene. Ma dove posso dormire stanotte?
- Puoi restare qui. - dice la donna.
- Puoi anche imparare a fare il formaggio. - dice l'uomo più **anziano**.
- Perché no? - rispondo.

In pochi minuti siamo amici. Loro mi raccontano molte storie sulla montagna e sugli animali. Andiamo a vedere le mucche e imparo a fare la mungitura. La sera sono stanchissima, ma affamata. Mangio un piatto di *spätzli*, un tipo di pasta fatta con patate e spinaci. Buonissimi.
Vado nella mia stanza: è piccola, ma il letto è caldo e profumato.

Capitolo 10

Il mattino dopo mi alzo alle cinque. Comincia un nuovo giorno. Faccio colazione con latte fresco e *strüdel*, un dolce tipico con le mele, poi esco e respiro l'aria fresca. Verso le sette saluto la donna e i due uomini e comincio a camminare verso Dobbiaco.
Mi sento tranquilla in mezzo ai boschi. Durante il cammino vedo molti animali: **cervi**, **scoiattoli** e **caprioli**.

---

anziano: non giovane. *Es: Antonio ha settantadue anni: è una persona anziana.*

cervi:

scoiattoli:

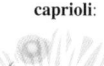

caprioli:

Note

Due ore dopo, quando il sole è alto e comincia il caldo, mi fermo a bere ad un **ruscello**. C'è un gruppo di bambini, vestiti allo stesso modo. Sono dei boy-scout.
- Ciao. - dicono.
- Ciao. - rispondo - Cosa state facendo?
- Una **caccia al tesoro**. - risponde una bambina - Ma adesso non sappiamo come andare avanti. Non sappiamo rispondere a questo **indovinello**: *Dov'è che la morte sta prima della vita, il mare è sopra il vento e il padre viene dopo il figlio?*
- Nel dizionario. - rispondo io.

I bambini sono sorpresi, restano un momento a pensare e uno grida:
- È vero! Torniamo al campo! - e corrono via.

Solo la bambina rimane e dice:
- Grazie! Vuoi venire con noi?
- Perché no? - rispondo e vado con lei.

Passo la giornata con i boy-scout a giocare con gli indovinelli:
Qual è la parola con cinque vocali: AIUOLE.
Che cos'è che può essere primo o ultimo, ma è sempre quarto: IL QUARTO DI LUNA.
Infine l'ultima domanda:
Il tesoro è nel paese AL CONTRARIO di AI LATI. Qual è?

---

ruscello: piccolo fiume, corso d'acqua. *Es: Gli animali vanno a bere al **ruscello**.*
caccia al tesoro: gioco di gruppo in cui i giocatori devono superare alcune prove. *Es: Ogni anno la scuola organizza una **caccia al tesoro** per gli studenti.*
indovinello: quiz, gioco di parole. *Es: I bambini non conoscono la soluzione dell'**indovinello**.*

Note

Non so rispondere. Ci pensiamo più di un'ora, poi un bambino dice:

- ITALIA! Il tesoro è in Italia! È il contrario di *AI LATI*.

La caccia al tesoro è finita. Io decido di riprendere il cammino verso Dobbiaco.

Capitolo 11

Saluto i bambini e prendo un **sentiero**. Sento le loro voci per pochi minuti, ma poi sono sola nel bosco. Sto andando verso Dobbiaco, ma non voglio tornare in ufficio. Voglio restare in montagna.

Dopo un'ora di cammino, vedo un gruppo di persone. Quando sono vicina domando:

- Dove andate?

Un ragazzo alto, con i capelli rossi, risponde:

- Oggi **scaliamo** quella montagna. - e indica una **roccia** rosa.

- È altissima. - dico con emozione.

- Certo. - continua lui - Non è facile arrivare **in cima**. La strada è lunga. Questa notte dormiamo fuori. Vuoi veni-

---

sentiero: piccola strada di montagna. *Es: Il **sentiero** passa nel bosco.*
scaliamo (inf. scalare): salire, raggiungere la parte più alta di una montagna.
*Es: Noi **scaliamo** la montagna in una giornata.*
roccia: pietra, parte di una montagna. *Es: La **roccia** della montagna è molto dura.*
in cima: sulla parte più alta. *Es: La funivia arriva **in cima** alla montagna.*

Note

re con noi?
Non rispondo, guardo la montagna e alla fine dico:
- Perché no?
- Benvenuta, io mi chiamo Francesco, sono una **guida** del **C.A.I.**

Entriamo in un bosco e in un'ora arriviamo sotto la roccia rosa. Cominciamo a scalare e io mi sento libera, lontana da Dobbiaco, dall'ufficio, dal telefono.

Non è facile salire, ma gli altri mi aiutano, io ascolto e imparo velocemente.

Francesco mi spiega con gioia ogni cosa della montagna e del suo lavoro. Mi piace: è calmo e sicuro e ha una luce speciale negli occhi.

Dopo qualche ora siamo molto in alto.

Siamo stanchi e vogliamo riposare.

- Io sono fuori casa da due giorni. Devo tornare. - dico.
- Guarda giù. - risponde Francesco.

Io chiudo gli occhi. Ho **paura**, non voglio guardare. Poi guardo giù e capisco che la montagna è mia e io, piccola piccola, sono della montagna. Vorrei restare qui per sempre.

---

guida: persona che accompagna i turisti in montagna. *Es: La **guida** conosce tutti i sentieri.*
C.A.I.: Club Alpino Italiano.
paura: sentimento di ansia, emozione improvvisa, in relazione a situazioni pericolose. *Es: Non posso prendere l'aereo! Ho **paura** di volare.*

Epilogo

L'estate sta finendo. Non lavoro più a Dobbiaco.
Da due mesi vivo in un **rifugio** e lavoro anche io per il C.A.I. Organizzo gruppi di studio sulla montagna per i ragazzi delle scuole e per i turisti. Francesco dice che sono bravissima. Mi piace molto questo lavoro, sono felice di vivere in mezzo ai boschi.
Qualche volta torniamo in paese e andiamo a mangiare con Paola una fetta di torta, perché le torte di Dobbiaco sono veramente buonissime.
Ora la mia vita è più bella. Non fumo più.

Ah, devo ancora presentarmi: mi chiamo Emanuela, ho ventiquattro anni e … beh, conoscete già il resto.

---

rifugio: casa di montagna che ospita le persone di passaggio. *Es: In cima alla montagna c'è un **rifugio** dove è possibile dormire.*

Note

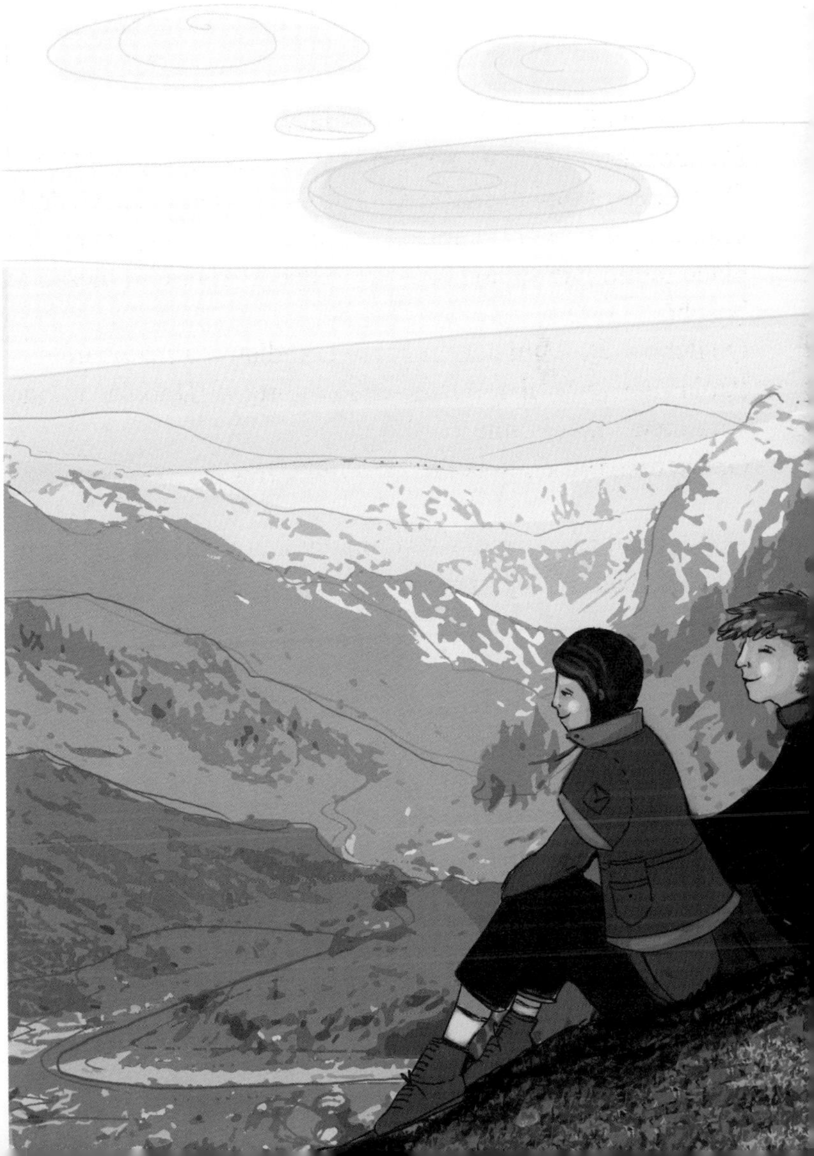

Trentino - Alto Adige

Geografia. Il Trentino - Alto Adige è la regione più a nord dell'Italia. Ha quasi un milione di abitanti in un territorio caratterizzato da montagne e vallate. È formata da due zone: l'Alto Adige a nord, in provincia di Bolzano, ed il Trentino a sud, in provincia di Trento.
Confina a nord con l'Austria, a sud - est con il Veneto, a sud - ovest con la Lombardia, a ovest con la Svizzera.

Storia. La regione era composta prima da due territori separati. Fino al 1918 l'Alto Adige faceva parte dell'Austria. In seguito la regione si è chiamata Venezia Tridentina e nel 1948 ha ricevuto infine il nome Trentino - Alto Adige.

Turismo. Il turismo è molto importante per l'economia della regione in estate e in inverno; molte sono le zone interessanti, come le splendide Dolomiti.

Lingua. Gli abitanti della regione appartengono a diversi gruppi che hanno lingua e usanze differenti. La provincia di Trento è completamente italiana, in quella di Bolzano invece troviamo il bilinguismo: le insegne dei negozi e le indicazioni stradali sono infatti in italiano e in tedesco.

Folclore. Gli *schützen* erano nel passato dei soldati che difendevano il territorio. Attualmente non hanno più funzione militare, ma partecipano a cerimonie e feste folcloristiche.

Cucina. La cucina tradizionale del Trentino è nota per i piatti semplici e nutrienti nati dalla fusione tra la cultura germanica e la cultura contadina.

Sträuben - Frittelle con la marmellata

Ingredienti: 220 g di farina, un pizzico di sale, 2 cucchiai di burro fuso, 1/4 l di latte, 2 cl di grappa, 2 uova, panna montata, zucchero e marmellata di mirtilli rossi.

- ♦ Scaldate il latte con un pizzico di sale.
- ♦ Mettete dentro la farina, i rossi d'uovo e la grappa, girando con attenzione.

- Aggiungete i bianchi d'uovo.
- Mettete il burro in una padella sul fuoco e versate tutto dentro.
- Fate cuocere bene sui due lati.
- Servite la frittella con lo zucchero, la panna e la marmellata di mirtilli rossi.

Spätzli - Gnocchetti di spinaci

Ingredienti: 400 g di spinaci cotti, 350 g di farina, 1/8 l di acqua, 2 uova, sale, noce moscata, 30 g di burro, 150 g di prosciutto cotto, 1/8 l di vino bianco, 4 cucchiai di parmigiano, 1/4 l di panna, pepe.

- Unite gli spinaci con la farina, l'acqua, le uova, il sale e la noce moscata.
- Aspettate mezz'ora.
- Mettete l'acqua in una pentola grande sul fuoco e aggiungete il sale.
- Quando l'acqua è bollente mettete un **passaverdura** sulla pentola, aggiungete l'impasto e girate.
- Fate cadere gli gnocchetti nell'acqua. Quando gli gnocchetti salgono su sono cotti.
- Mettete sul fuoco una padella con il burro, il prosciutto, il vino bianco, la panna, il sale ed il pepe e alla fine gli gnocchetti.
- Aggiungete il parmigiano.

passaverdura:

Note

ESERCIZI

Capitolo 1

A. *Vero o falso? Rispondi con una X.*

                                                                                           V F

1. La ragazza ha l'abbonamento per il treno. ❑ ❑
2. La ragazza lavora in un ufficio. ❑ ❑
3. Paola lavora al bar della stazione. ❑ ❑
4. Alla ragazza piace molto il suo lavoro. ❑ ❑
5. Dopo pranzo la ragazza torna a casa perché è stanca. ❑ ❑

B. *Completa il testo con gli articoli della lista.*

il - la - la - la - un - un' - una - una - una

Io lavoro vicino alla stazione. Faccio ___ segretaria. Prima di entrare in ufficio vado al bar. Prendo ___ caffè e guardo ___ giornale. Poi esco, fumo ___ sigaretta e comincia ___ mia nuova giornata.

All'una faccio ___ pausa. Vado al bar con ___ mia collega Paola e mangio qualcosa. Di solito prendo ___ insalata mista e ___ bottiglia di acqua naturale.

C. *Completa il testo con i verbi della lista.*

chiede - compro - dico - parto - pensi - sto - vai - vengo

- Da domani non _____ più a lavorare.
- E come _____ di fare senza un lavoro?
- Non lo so, cambio vita: cambio lavoro o forse _____ un biglietto per l'India e _____.
- Allora _____ via per sempre? - mi _____ Paola con un sorriso.
- Sì, - _____ io - è difficile, ma qui non _____ bene.

Capitolo 2

A. *Vero o falso? Rispondi con una X.*

	V	F
1. Nella segreteria telefonica non ci sono messaggi.	☐	☐
2. La ragazza telefona a sua madre.	☐	☐
3. La ragazza fa un bagno caldo.	☐	☐
4. Nel frigorifero c'è un piatto di pasta al pomodoro.	☐	☐
5. La ragazza invita Paola a cena.	☐	☐

B. *Riordina il dialogo tra la ragazza e sua madre.*
La frase n. 1 è al posto giusto.

1. - **Pronto mamma? Sono io.**
2. - Io sto bene, ma tu lavori troppo, figlia mia.
3. - Buonanotte.
4. - Sono stanca. E tu?
5. - A casa, mamma. Come ogni sera.
6. - È vero, mamma. Adesso vado a fare un bagno. Buonanotte.
7. - Finalmente! Dove sei?
8. - Come stai?

1 /___ /___ /___ /___ /___ /___ /___

C. *Completa il testo con le parole della lista.*

**acqua - bagno - cucina - fame - frigorifero - latte - ora
piatto - pomodoro - pomodori - radio**

Accendo la _____ e faccio il bagno. L'_____ è molto calda. Finalmente un po' di relax.
Dopo mezz'_____ esco dal _____. Ora va meglio!
Ho _____. Vado in _____ e apro il _____.
Ci sono tre _____, uno yogurt e mezzo litro di _____.
Preparo un _____ di pasta al _____ fresco, la mia preferita.

Capitolo 3

A. *Vero o falso? Rispondi con una X.*

	V	F
1. La ragazza mangia davanti alla TV.	☐	☐
2. La ragazza legge un libro sulla montagna.	☐	☐
3. La ragazza esce e va al bar con Paola.	☐	☐
4. La ragazza non è soddisfatta della sua vita.	☐	☐
5. La ragazza si addormenta con la TV accesa.	☐	☐

B. *Scegli gli aggettivi che descrivono la ragazza.*

- Triste   ☐
- Felice   ☐
- Soddisfatta   ☐
- Insoddisfatta ☐
- Stanca   ☐
- Energica   ☐

C. *Completa il testo con i verbi al presente.*

(Accendere)_____ una sigaretta e *(pensare)* _____ alla conversazione con Paola, al bar. Lei non *(avere)*_____ problemi, *(essere)*_____ soddisfatta della sua vita. Ed io? Io no. Io non *(stare)*_____ bene. La mia vita non mi piace: non *(amare)*_____ il mio lavoro e *(volere)*_____ smettere di fumare.

D. *Cerca nel testo i contrari di queste parole.*

1. Brutto: _____
2. Continuare: _____
3. Dentro: _____
4. Dopo: _____
5. Finire: _____
6. Insoddisfatta: _____
7. Spegnere: _____
8. Vicine: _____

E. *Completa il testo con gli articoli della lista.*

gli - gli - il - il - la - la - un - uno - una

Mentre mangio guardo ___ telegiornale. Poi comincia ___ programma sulla montagna. Descrive ___ alberi, ___ animali e parla di ___ stile di vita in armonia con ___ natura. Accendo ___ sigaretta e penso alla conversazione con Paola, al bar.
Quando ___ programma è finito spengo ___ TV.

Capitolo 4

A. *Vero o falso? Rispondi con una X.*

	V	F
1. La ragazza non può prendere il treno.	☐	☐
2. La ragazza prende l'autobus.	☐	☐
3. La ragazza ha l'abbonamento per l'autobus.	☐	☐
4. L'autobus parte cinque minuti prima.	☐	☐
5. Sull'autobus c'è molta gente.	☐	☐
6. La ragazza e l'autista fumano una sigaretta.	☐	☐

B. *Riscrivi il dialogo all'informale (tu) come nell'esempio.*

- ♦ Scusi, ma che cosa succede?
- ■ Mi dispiace signorina, ma abbiamo un problema: questa mattina il treno non parte. Lei dove deve andare?
- ♦ A Dobbiaco.
- ■ Può prendere l'autobus. Parte ogni trenta minuti dalla piazza della stazione.
- ♦ Grazie.

- ♦ ***Scusa***, ma che cosa succede?
- ■ Mi dispiace, ma _____
  _____

- ♦ A Dobbiaco.
- ■ _____
  _____

- ♦ Grazie.

C. *Completa le frasi con le preposizioni della lista.*

al - al - alle - con - dall' - del - delle - delle - in - in - sull'

1. _____ l'autobus _____ otto e dieci posso arrivare _____ ufficio prima _____ nove.
2. _____ autobus non c'è nessuno.
3. Io mi siedo vicino _____ finestrino.
4. _____ otto e cinque partiamo.
5. L'autista muove la testa _____ ritmo _____ *reggae*.
6. Io resto _____ silenzio.
7. L'autista scende _____ autobus.

D. *Completa il testo.*

L'autista è un ragazzo giovane, con i _____ lunghi da *rasta*.
- _____ vai? - mi chiede con un sorriso.
- A Dobbiaco. - rispondo.
- Un _____ per Dobbiaco, allora: sono tre euro. Benvenuta sul *Babylon express*!

Pago il _____ e penso:
- L'_____ è matto!

L'autista accende una _____ . Io vorrei dire che sull'autobus è _____ fumare. Ma lui apre il finestrino e dice:
- Tu non _____ ?

Io resto in silenzio. Dopo un po' lui ricomincia a parlare:
- Quando arrivo a Dobbiaco voglio comprare una _____ di torta. Le torte di Dobbiaco sono le _____ buone della zona, sai?

Capitolo 5

A. *Vero o falso? Rispondi con una X.*

	V	F
1. La ragazza e l'autista entrano in un negozio.	☐	☐
2. La donna vestita da *schützen* vuole comprare un paio di scarponi numero 39.	☐	☐
3. I due uomini e la donna vestiti da *schützen* ballano nel negozio.	☐	☐
4. La ragazza e l'autista vanno via con l'autobus.	☐	☐

B. Completa il dialogo con le frasi seguenti:

1. Trentanove
2. Certo
3. Solo trenta euro
4. Ballare?
5. Un momento…
6. Che numero?
7. Avete scarponi da donna?
8. noi portiamo gli scarponi perché ci servono per ballare
9. Sono perfetti per camminare

In quel momento entrano due uomini e una donna, vestiti da *schützen*.

- _____ - chiedono.
- _____ - domanda la ragazza.
- _____ .
- _____ - dice lei.

Dopo pochi minuti la ragazza torna e dà gli scarponi alla donna.

- Grazie. Voglio metterli subito.
- Sono molto belli. - dice uno degli uomini. - _____.
- E poi costano poco. - continua la ragazza - _____ .
- Vede, - aggiunge l'altro uomo - _____.
- _____ - ripeto io.
- _____ .

I tre cominciano a ballare lo *schuhplatter*.
Io rido e mi giro verso l'autista, ma non c'è.
Allora esco dal negozio e vedo l'autobus, il *Babylon express*, che va via.

Capitolo 6

A. *Vero o falso? Rispondi con una X.*

	V	F
1. La ragazza non può telefonare a Paola perché non ha il telefono.	☐	☐
2. La ragazza va al lago Godrone con i due uomini grassi.	☐	☐
3. La ragazza va a Dobbiaco con la donna del furgone bianco.	☐	☐
4. La ragazza non vuole tornare in ufficio.	☐	☐
5. La ragazza non va in farmacia, ma scende in piazza.	☐	☐

B. *Completa il testo con i verbi al presente.*

(Essere) _____ sola sulla strada. Non *(avere)* _____ più sigarette e *(essere)* _____ in ritardo. *(Dovere)* _____ telefonare a Paola in ufficio. *(Cercare)* _____ il telefono nella borsa, ma non c' *(essere)* _____. *(Decidere)* _____ di fare l'autostop. *(Essere)* _____ una bella giornata di sole e *(sentirsi)* _____ benissimo. Dopo cinque minuti *(passare)* _____ una macchina.

46

C. Completa i due dialoghi con le frasi della lista.

1.
- ♦ _____ - domanda l'uomo seduto a sinistra.
- ■ A Dobbiaco. _____
- ♦ Noi andiamo al lago Godrone. _____
- ■ _____ lo stesso - dico.
- ♦ _____ buona giornata. - dice l'altro e ripartono.

2.
- ♦ Dove vai?
- ■ _____ a Dobbiaco.
- ♦ _____, puoi venire con me fino a Planca.
- ■ _____, grazie.

Allora

Devo andare

Dove vai?

E voi?

Grazie

Mi dispiace, ma è in un'altra direzione.

Se vuoi,

Va bene

Capitolo 7

A. *Vero o falso? Rispondi con una X.*

	V	F
1. La ragazza arriva a Planca alle dieci e venti.	❏	❏
2. Il prossimo autobus non passa prima delle quattro.	❏	❏
3. La signora propone alla ragazza di prendere la funivia.	❏	❏
4. La ragazza compra i mirtilli al mercato.	❏	❏
5. La ragazza va a fare una passeggiata nel bosco.	❏	❏

B. *Completa il testo con le parole della lista.*

**aria - finestre - montagne - nessuno
orologio - posto - telefono - ufficio - volta**

È la prima _____ che vengo a Planca. È un _____ bellissimo: ci sono fiori a tutte le _____, le _____ intorno sono piene di luce e l'_____ è fresca. In piazza non c'è _____.
Guardo l'_____: sono le dieci e venti. Sono contenta di essere qui, di non essere in _____, di non sentire il _____.

C. *Riordina il dialogo tra la ragazza e la signora.*
Le frasi n. 1 e n. 7 sono nell'ordine giusto.

1. - **Senta, scusi...**
2. - Ma io devo andare in ufficio, sono in ritardo!
3. - Il prossimo parte alle quattro.
4. - Mi dispiace, ma il prossimo autobus passa alle quattro.
5. - L'autobus è un problema a Planca. Parte solo tre volte al giorno.
6. - Sì, posso aiutarla?
7. - **Cosa posso fare adesso?**
8. - Va bene, grazie.
9. - Alle quattro? Mamma mia, che disastro!
10. - Mentre aspetta può fare una passeggiata nel bosco. Ci sono molti mirtilli in questi giorni.
11. - Sa a che ora parte l'autobus per Dobbiaco?

1 /___ /___ /___ /___ /___ / 7 /___ /___ /___ /___

Capitolo 8

A. *Vero o falso? Rispondi con una X.*

	V	F
1. I turisti parlano tedesco, ma sono italiani.	☐	☐
2. Con la funivia la ragazza sale molto in alto sulla montagna.	☐	☐

V F

3. La ragazza mangia una frittella e fuma
una sigaretta. ☐ ☐
4. La ragazza è contenta di stare in montagna. ☐ ☐

B. *Completa le parole.*

1. I turist___ sono simpatic___.
2. Hanno la possibilità di fare dell___ bellissim___ passeggiat___.
3. Nel negozi___ c'è un piccol___ bar.
4. Dentro c'è un profum___ delizios___.
5. Preparano le *sträuben*, dell___ frittell___ tipich___ delle Dolomiti.
6. Decido di mangiare una frittell___ cald___, coperta di zucchero e marmellata di mirtill___ ross___.

C. *Riscrivi il testo alla terza persona singolare.*

Dopo mezz'ora riparto e mentre scendo dalla montagna comincio a cantare. Sono felice. Ogni trecento metri mi fermo, respiro l'aria fresca e poi riparto. Non seguo una strada in particolare, vado dove voglio senza pensare.

*Dopo mezz'ora **riparte**...*

Capitolo 9

A. *Vero o falso? Rispondi con una X.*

	V	F
1. Nella malga c'è un ufficio turistico.	☐	☐
2. Dobbiaco non è vicina.	☐	☐
3. I due uomini e la donna d'estate abitano nella malga e d'inverno a Valdaora.	☐	☐
4. La ragazza non vuole rimanere a dormire nella malga.	☐	☐
5. Alla ragazza non piacciono gli *spätzli*.	☐	☐

B. *Completa il testo con il contrario delle parole evidenziate.*

La porta è **chiusa** _____ . Ci sono tre persone sedute intorno a un tavolo, due **donne** _____ e **un uomo** _____ .
 - Buongiorno. - dico.
 - Buongiorno. - **chiedono** _____ .
Poi la donna **si siede** _____ e mi **risponde** _____ :
 - Ti posso aiutare?
 - Devo arrivare a Dobbiaco, ma non conosco la strada.
 - Dobbiaco è **vicina** _____ . - dice uno degli uomini seduti al tavolo. - A piedi sono quattro ore di cammino.
 - È **falso** _____ . - ripete l'uomo più **vecchio** _____ e indica una mappa.

Guardo verso la finestra, c'è una **grande** _____
mappa della zona. Cerco di capire dove sono adesso e come
posso arrivare a Dobbiaco.
Hanno **torto** _____. Sono molto **vicina**
_____.

C. Completa il dialogo con i verbi al presente.

- ◆ Voi *(abitare)*_____ qui?
- Da maggio a settembre. Poi, d'inverno, *(tornare)* _____ a casa: *(essere)*_____ di Valdaora. In estate *(portare)*_____ qui le mucche e *(lavorare)*_____ con i turisti. Tra poco *(dovere)* _____ incominciare la mungitura. *(Volere)* _____ venire con noi?
- ◆ Va bene. Ma dove *(potere)*_____ dormire stanotte?
- *(Potere)* _____ restare qui.

D. Completa le parole.

In poch___ minut___ siamo amici. Loro mi raccontano
molt___ stori___ sull___ montagn___ e sugl___ animal___. La sera sono stanchissim___, ma affamat___.
Mangio un piatt___ di *spätzli*, un tipo di past___ fatt___
con patate e spinaci.
Vado nella mi___ stanz___: è piccol___, ma il lett___ è
cald___ e profumat___.

Capitolo 10

A. Vero o falso? Rispondi con una X.

	V	F
1. La ragazza si alza molto presto.	❏	❏
2. Alle sette la ragazza parte dalla malga.	❏	❏
3. La ragazza attraversa il bosco.	❏	❏
4. La ragazza gioca con i boy-scout.	❏	❏
5. La ragazza non sa rispondere all'ultima domanda.	❏	❏

B. Riscrivi il testo alla terza persona singolare.

Il mattino dopo mi alzo alle cinque. Faccio colazione con latte fresco e *strüdel*, un dolce tipico con le mele, poi esco e respiro l'aria fresca. Verso le sette saluto la donna e i due uomini e comincio a camminare verso Dobbiaco.
Mi sento tranquilla in mezzo ai boschi. Durante il cammino vedo molti animali. Due ore dopo, mi fermo a bere ad un ruscello.

*Il mattino dopo **si alza** alle cinque...*

C. *Unisci gli indovinelli alle soluzioni.*

1. Dov'è che la morte sta prima della vita, il mare è sopra il vento e il padre viene dopo il figlio?
2. Il tesoro è nel paese AL CONTRARIO di AI LATI. Qual è?
3. Qual è la parola con cinque vocali?
4. Che cos'è che può essere primo o ultimo, ma è sempre quarto?

a. Aiuole
b. Nel dizionario
c. Italia
d. Il quarto di luna

Capitolo 11

A. *Vero o falso? Rispondi con una X.*

	V	F
1. Francesco è alto e ha i capelli rossi.	❏	❏
2. Anche la ragazza scala la montagna.	❏	❏
3. Francesco e la ragazza arrivano subito in cima alla montagna.	❏	❏
4. Francesco non vuole guardare giù perché ha paura.	❏	❏
5. La ragazza vuole rimanere in montagna.	❏	❏

B. *Riordina le parole del dialogo tra Francesco e la ragazza.*

- Dove andate?

Un ragazzo alto, con i capelli rossi, risponde:
- *(montagna - oggi - quella - scaliamo)* _____
_____ - e indica una roccia rosa.
- *(altissima - è)* _____. - dico con emozione.
- Certo. - continua lui - *(arrivare - cima - è - facile - in - non)* _____.
La strada è lunga. *(dormiamo - fuori - notte - questa)*
_____.
(con - noi - vuoi - venire) _____?

Non rispondo, guardo la montagna e alla fine dico:
- *(no - perché)* _____?
- Benvenuta, io mi *(C. A. I. - chiamo - del - Francesco, - guida - sono - una)* _____
_____.

C. *Completa il testo con i verbi al presente.*

(Noi - Entrare) _____ in un bosco e in un'ora *(arrivare)* _____ sotto la roccia rosa. *(Cominciare)* _____ a scalare e io *(sentirsi)* _____ libera, lontana da Dobbiaco, dall'ufficio, dal telefono.
Non *(essere)* _____ facile salire, ma gli altri mi aiutano, io *(ascoltare)* _____ e *(imparare)* _____ velocemente.
Francesco mi *(spiegare)* _____ con gioia ogni cosa

della montagna e del suo lavoro. Mi piace: *(essere)* _____ calmo e sicuro e *(avere)* _____ una luce speciale negli occhi.

Epilogo

A. *Vero o falso? Rispondi con una X.*

	V	F
1. Emanuela lavora con Francesco.	☐	☐
2. Emanuela non prende più il treno per andare a lavorare.	☐	☐
3. Emanuela è molto contenta della sua nuova vita.	☐	☐
4. Emanuela non va mai a Dobbiaco.	☐	☐
5. Emanuela è triste perché in montagna non può fumare.	☐	☐

B. *Trasforma le frasi, come nell'esempio.*

Es: L'estate sta iniziando. L'estate sta finendo.

1. Lavoro ancora a Dobbiaco.
   _____

2. Non lavoro neanche io per il C.A.I.
   _____

3. Non mi piace per niente questo lavoro.
   _____

4. Sono scontenta di vivere in mezzo ai boschi.

5. Le torte di Dobbiaco sono veramente cattivissime.
_____

6. Ora la mia vita è più brutta.
_____

7. Fumo ancora.
_____

C. *Completa il testo con i verbi al presente.*

L'estate *(stare)*_____ finendo. Emanuela non *(lavorare)* _____ più a Dobbiaco.
Da due mesi *(vivere)*_____ in un rifugio e *(lavorare)* _____ anche lei per il C.A.I. *(Organizzare)* _____ gruppi di studio sulla montagna per i ragazzi delle scuole e per i turisti. Francesco dice che *(essere)* _____ bravissima. Le piace molto questo lavoro, *(essere)*_____ felice di vivere in mezzo ai boschi.
Qualche volta lei e Francesco *(tornare)*_____ in paese e *(andare)*_____ a mangiare con Paola una fetta di torta, perché le torte di Dobbiaco *(essere)*_____ veramente buonissime.
Ora la sua vita *(essere)*_____ più bella. Non *(fumare)* _____ più.

SOLUZIONI

Capitolo 1
A - 1/v, 2/v, 3/f, 4/f, 5/f.
B - la, un, il, una, la, una, la, un', una.
C - vengo, pensi, compro, parto, vai, chiede, dico, sto.

Capitolo 2
A - 1/f, 2/v, 3/v, 4/f, 5/f.
B - **1**/7/5/8/4/2/6/3.
C - radio, acqua, ora, bagno, fame, cucina, frigorifero, pomodori, latte, piatto, pomodoro.

Capitolo 3
A - 1/v, 2/f, 3/f, 4/v, 5/f.
B - triste, insoddisfatta, stanca.
C - Accendo, penso, ha, è, sto, amo, voglio.
D - bello, smettere, fuori, prima, iniziare, soddisfatta, accendere, lontane.
E - il, un, gli, gli, uno, la, una, il, la.

Capitolo 4
A - 1/v, 2/v, 3/f, 4/f, 5/f, 6/f.
B ♦ *Scusa*, ma che cosa succede? ■ Mi dispiace, ma abbiamo un problema: questa mattina il treno non parte. **Tu** dove **devi** andare?
♦ A Dobbiaco. ■ **Puoi** prendere l'autobus. Parte ogni trenta minuti dalla piazza della stazione. ♦ Grazie.
C - 1. Con, delle, in, delle; 2. Sull'; 3. al; 4. Alle; 5. al, del; 6. in; 7. dall'.
D - capelli, Dove, biglietto, biglietto, autista, sigaretta, vietato, fumi, fetta, più.

Capitolo 5
A - 1/v, 2/v, 3/v, 4/f.
B - 7, 6, 1, 5, 9, 3, 8, 4, 2.

Capitolo 6
A - 1/v, 2/f, 3/f, 4/v, 5/v.
B - Sono, ho, sono, Devo, Cerco, è, Decido, È, mi sento, passa.
C - 1. Dove vai?, E voi?, Mi dispiace, ma è in un'altra direzione, Grazie, Allora. 2. Devo andare, Se vuoi, Va bene.

Capitolo 7
A - 1/v, 2/v, 3/v, 4/f, 5/f.
B - volta, posto, finestre, montagne, aria, nessuno, orologio, ufficio, telefono.
C - **1**/6/11/3/9/5/**7**/10/2/4/8.

Capitolo 8
A - 1/v, 2/v, 3/f, 4/v.
B - 1. turist**i**, simpatic**i**; 2. dell**e**, bellissim**e**, passeggiat**e**; 3. negozi**o**, piccol**o**; 4. profum**o**, delizios**o**; 5. dell**e**, frittell**e**, tipich**e**; 6. frittell**a**, cald**a**, mirtill**i**, ross**i**.
C - *Dopo mezz'ora riparte* e mentre **scende** dalla montagna **comincia** a cantare. **È** felice. Ogni trecento metri **si ferma**, **respira** l'aria fresca e poi **riparte**. Non **segue** una strada in particolare, **va** dove vuole senza pensare.

Capitolo 9
A - 1/f, 2/v, 3/v, 4/f, 5/f.
B - aperta, uomini, una donna, rispondono, si alza, chiede, lontana, vero, giovane, piccola, ragione, lontana.
C - abitate, torniamo, siamo, portiamo, lavoriamo, dobbiamo, Vuoi, posso, Puoi.
D - poch**i**, minut**i**, molt**e**, stori**e**, sull**a**, montagn**a**, sugl**i**, animal**i**, stanchissim**a**, affamat**a**, piatt**o**, past**a**, fatt**a**, mi**a**, stanz**a**, piccol**a**, lett**o**, cald**o**, profumat**o**.

Capitolo 10

A - 1/v, 2/v, 3/v, 4/v, 5/v.

B - *Il mattino dopo si alza alle cinque.* **Fa** colazione con latte fresco e *strüdel*, un dolce tipico con le mele, poi **esce** e **respira** l'aria fresca. Verso le sette **saluta** la donna e i due uomini e **comincia** a camminare verso Dobbiaco. **Si sente** tranquilla in mezzo ai boschi. Durante il cammino **vede** molti animali. Due ore dopo, **si ferma** a bere ad un ruscello.

C - 1/b, 2/c, 3/a, 4/d.

Capitolo 11

A - 1/v, 2/v, 3/f, 4/f, 5/v.

B - Oggi scaliamo quella montagna; È altissima; Non è facile arrivare in cima; Questa notte dormiamo fuori; Vuoi venire con noi; Perché no; chiamo Francesco, sono una guida del C.A.I.

C - entriamo, arriviamo, Cominciamo, mi sento, è, ascolto, imparo, spiega, è, ha.

Epilogo

A - 1/v, 2/v, 3/v, 4/f, 5/f.

B - 1. Non lavoro più a Dobbiaco; 2. Lavoro anche io per il C.A.I.; 3. Mi piace molto questo lavoro; 4. Sono felice di vivere in mezzo ai boschi; 5. Le torte di Dobbiaco sono veramente buonissime; 6. Ora la mia vita è più bella; 7. Non fumo più.

C - sta, lavora, vive, lavora, Organizza, è, è, tornano, vanno, sono, è, fuma.

Catalogo Alma Edizioni

Collana "Italiano facile"
1° livello / 500 parole

Roberta è una giovane d.j. Da una piccola radio di Firenze parla della musica rock e della vita in città. Ma a Firenze qualcuno non ama la musica...

Cosa succede quando siamo in un Paese straniero e non capiamo bene la lingua? Molti equivoci, naturalmente. Come quelli che accadono a Minni, una ragazza orientale, quando arriva in Italia per la prima volta. Una storia divertente e originale, che aiuta a riflettere sulle espressioni più curiose della lingua italiana.